DIX POÈTES ANGLOPHONES DU QUÉBEC
(Voix-off)

DIX POÈTES ANGLOPHONES DU QUÉBEC
(Voix-off)

Présentés par Antonio D'Alfonso
Edition bilingue

Le Castor Astral/Guernica

Le Castor Astral
52, rue des Grilles
93500 Pantin, France

Les éditions Guernica
C.P. 633, Succursale N.D.G.
Montréal (Québec), Canada H4A 3R1

Cette publication a été rendue possible grâce à une contribution
du Ministère des Affaires culturelles du Québec

Dépôt légal — 1er trimestre
Bibliothèque nationale du Québec et
Bibliothèque nationale du Canada

Données de catalogage avant publication (Canada)

Vedette principale au titre:
Voix-Off

Texte anglais et traduction française en regard.
Bibliographie: p.
ISBN 2-89135-009-X (Guernica)
ISBN 2-85920-097-5 (Castor Astral)

1. Poésie canadienne-anglaise — Québec (Province)
2. Poésie canadienne-anglaise — 20e siècle.
I. D'Alfonso, Antonio, 1953-

PS8295.5.Q8V64 1985   C811.5'0809714   C85-090026-3F
PR9195.7.V64 1985

pour Gaston Miron

Préface

La poésie n'est pas indifférente au contexte politique d'une nation. Dans une société majoritairement francophone, comme celle du Québec, il est tout à fait naturel de se poser la question : pourquoi trouve-t-on là tant d'écrivains anglophones? Suffit-il de dire qu'il y a eu, pour des raisons multiples et complexes, une «erreur» ou une «chance» historique (tout dépend du point de vue politique) qui a permis à une grande partie d'enfants immigrants et d'immigrants de fréquenter des écoles anglophones. En lisant rapidement les notices biographiques des poètes présents dans ce volume, le lecteur se rendra compte que la plupart d'entre eux appartiennent à cette génération d'immigrants d'après-guerre.

Ces auteurs écrivent aujourd'hui dans une langue utilisée par une minorité de la population québécoise; une langue qui de plus en plus se francise et dont le *style* se distancie à grands pas de celui de la langue anglaise utilisée au Canada, aux Etats-Unis et en Angleterre. D'aucuns parlent alors de crise, d'autres changent de langue d'expression, et d'autres encore délaissent l'écriture et s'aventurent dans des domaines artistiques extra-littéraires. Nous ne voulons pas prendre position sur cette question politique, mais proposer ce livre pour donner au lecteur un aperçu de ce qui se fait dans les arrière-salles du Québec français et de l'Amérique anglophone. Il s'agit de révéler un clivage culturel fondamental, d'immobiliser pour un instant une transformation civile, sans que nous en connaissions la direction ni le résultat.

Un instant donc, entre un *avant* et un *après* ; un instant de déséquilibre, d'incertitude, d'empressement ou de répit. Une faiblesse mais également une force: un nœud, des replis de voix différentes qui surgissent d'histoires fort distinctes les unes des autres, une mosaïque poétique qui réfléchit divers aspects d'une même réalité sociologique.

Au moment où la poésie francophone québécoise et la poésie d'expression anglaise hors Québec tentent chacune à leur façon de capter *l'intériorité* du langage et de la personne, la poésie anglophone québécoise cherche à capter le sens de *l'extériorité*. Chez les poètes du Canada anglais, c'est parmi les poètes anglophones du Québec que jaillit l'essentiel d'une poésie du *regard extérieur*.

Antonio D'Alfonso

Introduction
Les langues du territoire

Les poèmes réunis ce soir
proviennent de loin, portent divers passeports,
toutes sortes de valises et de boîtes ficelées.

Ken Norris

Au Québec pendant les années 60 les poètes ont nommé et réclamé une reconnaissance territoriale. La parole du pays se transforme dans les années 70 en pays de la parole. La création veut alors explorer tous les angles de la langue, tous les possibles en transformation. Ce bouillonnement se passe pourtant dans un lieu relativement narcissique sur les plans langue/culture. Le poésie québécoise (francophone) moderne s'ouvre délibérément à la recherche et aux divers courants d'idées (formalisme, théories, féminisme) mais ce qui est frappant c'est de constater que cette poésie québécoise prend tout l'espace et ne semble pas immédiatement sensible aux écritures élaborées dans le même territoire et produite par des langues et des cultures différentes (l'anglais surtout mais aussi les *cultures immigrantes* : haïtienne, italienne, grecque, espagnole).

Au début des années 80 des signes concrets[1] — lectures publiques, projet «Poésie en mouvement» affichant dans les autobus de Montréal 500 poèmes en français et 500 poèmes en anglais, dossiers spéciaux, colloques sur le phénomène multi-ethnique, revues, études, traductions (surtout du français à l'anglais d'ailleurs...) — viendront retoucher ce tableau et strier le paysage culturel global. Ces interactions me semblent aller en s'amplifiant. Une fois plus assumées l'affirmation et l'explosion, la poésie québécoise peut peut-être aborder le pluriel dans tous les sens du terme, se faire incluante dans son projet d'existence et de circulation.

Les poètes québécois anglophones traduits et présentés ici seront lus comme partie liante d'un désir *autre* mais *même* de prendre le langage comme territoire. Dans ce glissement des langues et des cultures se jouent les mêmes référents. Ce qui devient singulier c'est que les mots sont issus d'un contexte dans lequel souvent les sensibilités s'ignorent ou s'entrechoquent. Pour bien lire ce qui se trame dans les écritures québécoises, il faudra de plus en plus scruter toutes les facettes d'un production dont l'image serait un sorte de puzzle dans lequel prennent forme des écritures, des langues, des cultures en état de réclamer elles aussi un territoire.

---

1. Dossier dans *Nuit Blanche* (n. 11, déc./jan. 84), *1984 Agenda poésie* (*The Muse's Company*/La compagnie des muses), création du Magazine transculturel *Vice Versa, Quêtes: textes d'auteurs italo-québécois* (1983), lectures publiques au Café Commune, les revues *Rampike* (Toronto), *Lèvres Urbaines, Montréal Now, Rubicon, Voix et images* (PUQ, automne 1984), l'essai de Richard Giguère, *Exil, révolte et dissidence* (étude comparée des poésie québécoise et canadienne — 1925-1955 — PUL 1984), le colloque *Écrire la différence* (Université Concordia, février 1985).

Et si ces *Voix-off* semblent parfois venir d'ailleurs, il faudrait se rappeler que finalement elles sont d'autres versions des choses, d'autres manières de marquer ce qui habite le poème dans les liens essentiels tissés entre l'imaginaire et le réel. Moins explicitement expérimentale que la poésie québécoise francophone surtout pour ce qui est des déplacements syntaxiques et de l'aspect «laboratoire», la poésie québécoise anglophone est volontier narrative et anaphorique. Descriptive, lyrique, souvent réflexive cette poésie écrite par les poètes anglophones du Québec pourrait bien en venir à des changements issus des cultures ambiantes. Et la poésie repose la question : «Quel est le sens de tout cela?»

Claude Beausoleil,
Montréal, février 1985

LOUIS DUDEK

Poèmes
Traduits par Philippe Haeck

Pure Science

Poetry is a man-made kite
          skating on an imaginary sky,
But nobody knows what the sky is
          nor why there are kite-makers.

It is also like grandmother's idea of heaven
          that we have learned to do without
Because nobody cooks there,
          sleeps with girls, or mints money.

It is a whirling
          spark is a vacuum,
And only scientists seem to
          enjoy the experiment.

Science pure

Un poème, cerf-volant humain,
       patine sur un ciel imaginaire,
Mais personne ne sait ce qu'est le ciel
       ni pourquoi on fait des cerf-volants.

C'est tout comme le ciel de grand-maman
       dont nous avons appris à nous passer
Parce que personne n'y fait la cuisine,
       dort avec les filles, ou frappe la monnaie.

C'est une étincelle
       tournoyant dans du vide,
Et seuls les savants semblent
       jouir de l'expérience.

Canada as a Vacuum

The trouble with Canadian literary and intellectual life is that if you take up any important subject at a gathering of literary people no serious or extended discussion is possible, no exchange or development of ideas can take place. The writers are not accustomed to any adventurous give-and-take of ideas. They make a pretence that such thinking is unnecessary to the practice of the artistic life. Actually, they could not be more mistaken.

Le Canada comme vide

Dans la vie littéraire et intellectuelle canadienne, si vous abordez n'importe quel sujet important lors d'une rencontre entre gens de lettres, aucune discussion sérieuse et poussée ne se poursuit, aucun échange et développement d'idées ne peuvent avoir lieu. Les écrivains ne sont pas habitués à un partage d'idées approfondies. Ils prétendent que cela n'est pas nécessaire à la pratique de la vie artistique. Actuellement, ils ne pourraient faire une erreur plus grave.

Keewaydin Poems

1

The mind, a bruised element, comes to nature
to swell slowly among the trees.

Rest, rest, but there is no rest.

The unwashed city in my bones was bathed
in the 3 o'clock heat, burst, a black scorpion,
and then the water
rinsed off the acid and the hell ticks.

Now I am tired but clean.

Have seen the poplar leaves playing Chopin
without crescendo
and the sky stopped behind them,
boring but beautiful.

Is there anything in this I may have missed?
The same picture will be there tomorrow.

Poèmes à Keewaydin

1

L'esprit, élément écorché, vient à la nature
pour croître tranquillement parmi les arbres.

Repose, repose, mais il n'y a pas de repos.

La ville sale dans mes os était baignée
dans l'éclat chaud de trois heures, un scorpion noir,
et puis l'eau
rinçait les marques d'acide et d'enfer.

Maintenant je suis fatigué mais net.

Ai vu les feuilles de peuplier jouer Chopin
sans crescendo
et le ciel arrêté derrière elles,
menaçant mais magnifique.

Y a-t-il quelque chose dans tout cela que j'aie pu manquer ?
La même image sera là demain.

2

Today the sky began to move.
That is what I do not understand.
Our mental habits proceed :
curse, piss, wash, eat hash,
is all very good, but not
very different from the past,
not very true, not close to 'it',
real but not 'real', no flash
of paradigmatic insight comes of it.
Layton says 'you missed', Currie sneers,
the wind blows the leaves like yesterday,
God has not spoken, but that's okay,
I register the same old feelings
in the same familiar way :
the mole's in his lair, the insects hiss
as they cut the 'symbol-extricating' air.
I have already formed the habit
of sitting on a rock as on a chair.
And the clouds move, they move.
I do not understand. That's why
I've grown accustomed not to ask them why.

2

Aujourd'hui le ciel s'est mis à bouger.
C'est une chose que je ne comprends pas.
Nos habitudes mentales continuent :
jurer, pisser, se laver, manger du pâté,
tout ça est très bon, mais pas
très différent du passé,
pas très vrai, pas tout à fait «ça»,
réel mais pas «réel», sans flash
de vision paradigmatique.
Layton dit qu'c'est raté, Currie ricane,
le vent soulève les feuilles comme hier,
Dieu n'a dit mot, mais c'est d'accord,
j'enregistre les mêmes vieilles sensations
de la même façon coutumière :
la taupe dans sa tanière, les insectes sifflent;
ils tranchent l'air de «la forêt des symboles».
Déjà j'ai pris l'habitude
de m'asseoir sur un rocher comme sur une chaise.
Et les nuages bougent, ils bougent.
Je ne comprends pas. C'est pourquoi
je me suis accoutumé à ne pas leur demander pourquoi.

3

What we call nature is nothing else than
the triumph of life other than our own —
the passive unaggressive trees
and the grass, so alien
they can have no animal contact with us
and are therefore safe
to walk through — they and the inert
inanimate —
a world huge and useless, from our point of view,
therefore a bore
        (i.e., if you've got something else to do
            that you're glad to do),
or a place for free association,
        for God the Father, Mother Nature
          and 'our sister water' —
the friendly family (we like to think) of things alive;
or better still, that benificient 'other',
        a great deal of 'not mankind',
        hence at least a counterweight to human ego —
but most of all, a place of freedom, to ruminate in, to be
    forever blowing bubbles
        of so-called 'relaxation',
for fantasy that has not already found its images
        of successful art, in living.
But do not say that it brings you
closer to the unity of any process
that we may be a part of,
or that to pile on enough vegetables
        and rocks
is the epiphany of philosophy.

3

Ce que nous appelons nature n'est rien de plus qu'
une autre façon de triompher de la vie —
les arbres passifs si peu agressifs
et l'herbe, si différents
qu'ils ne peuvent avoir aucun contact animal avec nous
et sont ainsi saufs
pour continuer — eux et l'inerte
inanimé —
un monde vaste et inutile, de notre point de vue,
donc un ennui
            (c.-à-d., si vous avez quelque chose d'autre à faire
                    que vous êtes contents de faire),
ou un lieu de libre association
            entre Dieu le Père, mère Nature,
                    et «notre sœur l'eau» —
la famille sympathique (aimons-nous à penser) des choses
        vivantes;
ou mieux encore, cet «autre» bénéfique,
            une masse de «non humain»,
                d'où au moins un contrepoids au moi —
mais par-dessus tout, un lieu de liberté, pour ruminer,
        pour continuellement souffler les bulles
                de la prétendue «relaxation»,
pour l'imagination qui n'a pas encore trouvé les formes
            de l'œuvre achevée, en vivant.
Mais ne dites pas que cela vous
rapproche de l'unité d'un processus
dont nous pouvons faire partie,
ou qu'empiler assez de légumes
            et de rochers
est l'épiphanie de la philosophie.

4

Yet green is a pleasure to live with,
                among the colours
a kind of world
of straw, on sticks, stirring yet stationary —
the comic vegetation hung out in rags, flags,
                piled in barrows of bushes —
                            like a Victorian parlor
in which there is still room
for you, if you don't mind stepping over the bodies
growing and dying, gasping for air,
if you, indifferent to murder
                in forms of life not our own,
love the world we live in —
haletant with genocide and innocent abominations
                and all the green pleasures.
We need to think of nothing but ourselves,
and it is so. Which we do.
The order of things, everywhere,
takes care of that also :
relax, kill and live.

4

Pourtant il y a du plaisir à vivre dans le vert,
          parmi les couleurs
une espèce de monde
de paille, sur bâtons, bougeant un peu et pourtant
          immobile —
la végétation comique se balance : lambeaux, drapeaux
               pilés dans des brouettes de broussailles —
                    comme un parloir victorien
dans lequel il y a encore de la place
pour vous, si ça ne vous fait rien de marcher sur les corps
poussant et mourant, suffoquant,
si vous, indifférent au meurtre
          des formes de vie qui ne sont pas nôtres,
aimez le monde dans lequel nous vivons —
haletant aux génocides et innocentes abominations
          et à tous les plaisirs verts.
Nous n'avons besoin de penser à rien d'autre qu'à
          nous-mêmes,
et c'est ainsi. Que nous faisons.
L'ordre des choses, partout,
y veille aussi :
relaxer, tuer et vivre.

5

So man, the top killer of them all,
who has brought three quarters of the birds, fish,
    and animals
close to extinction
and now does his slaughtering systematically
       (all save man-killing war, murder, and sport,
       which still take the nature form),
persists in the Western-Christian idea,
the romantic theory of nature :
       that order rules,
       that love governs.

5

Ainsi l'homme, le plus grand tueur de tous,
qui a conduit les trois-quarts des oiseaux, poissons et
          animaux
                    près de l'extinction
et maintenant fait sa boucherie systématiquement
                    (à l'exception de la guerre mangeuse d'hommes,
                    du meurtre et du sport qui gardent encore leur
                    forme naturelle)
persiste dans son idée occidentalo-chrétienne,
la théorie romantique de la nature :
                    que l'ordre règne,
                    que l'amour gouverne.

6

For tenderness is also a principle,
          the best in our sad experience,
and we would have it all, all tenderness —
as every woman would be a nymph,
all poems about love,
all men lotos-eaters —
          a perpetual sipping of emotional whipping-cream.
So the sentimentalist,
the tearful convert, the nun,
the child, and the young bourgeoise mother
          all for whom tough living is done by somebody
               else.
Violence is self-regarding, to say the least,
but tenderness is not : this
          the condition of our existence cannot too much
               afford.
Therefore all virile (beautiful) action is driven by these
          in turn, or in manly association
(the she-cat licking her young,
          gentle, but not self indulgent) :
the male and the female principle — let's hope
          that each of us has a strain of both
(and here is my hail and farewell
          to the twisty-sexed —
may they suffer less, and meet their own kind!)
But where all is reconciled, power sleeps
          in the atoms of heaven.
O death, keep for me that lock which binds love and cruelty,
and now I will suffer them apart, in silence!

6

Mais la tendresse aussi est un principe,
        le meilleur de notre triste expérience,
et nous voudrions tout cela, toute tendresse —
c.à.d. que chaque femme serait une nymphe,
tous les poèmes poèmes d'amour,
tous les hommes dévoreurs de lotos —
        une dégustation perpétuelle de crème fouettée
        émotionnelle.
Ainsi l'individu sentimental,
le converti aux larmes, la religieuse,
l'enfant, et la jeune mère bourgeoise,
        pour qui quelqu'un d'autre fait les corvées.
La violence est tournée vers soi, pour ne pas dire plus,
mais la tendresse, non : cela
        les conditions de notre vie le supportent
        difficilement.
C'est pourquoi toute action virile (belle) est entraînée par elles
        tour à tour, ou dans une mâle association
(la chatte léchant ses petits,
        douce, mais non apitoyée sur elle-même) :
le principe mâle et femelle — espérons
        que chacun de nous est lié aux deux
(et voici mes salut et souhait
        pour les sexes mêlés —
puissent-ils moins souffrir, et rencontrer leurs semblables!)
Mais là où tout est réconcilié, le pouvoir repose
        dans les atomes du ciel.
Ô mort, garde pour moi ce verrou qui lie l'amour et la
        cruauté,
et maintenant je vais les endurer séparément, en silence!

The kosmos, it was man created the kosmos.
The chaos was there, but man created the kosmos.
The world I see (this poem)
I make out of the fragments of my pain
and out of the pleasures of my trembling senses.
Not all have, or see the same.
Like a cock on a dunghill,
          because there are worms,
out of my desires I make a world to be loved.
Beyond this, I do not know.
Beyond this, tears for the human state.

Le cosmos, c'était l'homme qui avait créé le cosmos.
Le chaos était là, mais l'homme créa le cosmos.
Le monde que je vois (ce poème)
je le tire des fragments de ma souffrance
et du plaisir de mes sens tremblants.
Tous ne font, ou ne voient de même.
Comme un coq sur un tas de fumier,
                    parce qu'il y a des vers,
de mes désirs je fais un monde à aimer.
Au-delà, je ne sais rien.
Au-delà, des larmes pour la condition humaine.

8

Now these trees are like no other splendor.
The aesthetic shape that water and sky have
beats the skyscraper,
because the carnal tragedies are resolved there
in more satisfactory proportions
          (especially at sunset,
               if you know what I mean).
Bur unfortunately we cannot live here;
like poetry, know only that it exists
— and to have created the idea
               is good as to have made the world —
a single vision to contain
death and the other fragments.

8

Puis ces arbres sont comme aucune autre splendeur.
La forme esthétique que prennent l'eau et le ciel
             surpasse les gratte-ciel,
parce que les tragédies charnelles y sont résolues
dans des arrangements plus satisfaisants
             (surtout au coucher du soleil,
             si vous me suivez).
Mais malheureusement nous ne pouvons vivre ici;
tout comme la poésie, savoir simplement que ça existe
— et en avoir créé l'idée
             est bon comme d'avoir créé le monde — :
une vision unique pour contenir
la mort et les autres fragments.

9

And it is to enjoy, simply enjoy.
Now the water fretting the wharf gently,
          the wind teasing the water,
now the flies colliding in their love action.
The sun makes me dizzy, but I am not unaware
          of how her lines compose;
or how my love tempts me and yet refuses;
and how my dozing consciousness
          throbs into life again and grows.
I am not unlike the world around me,
many and muddled, a contradictory thing,
yet like the lake water, swell with some clear
          delicious spring...
                    Shall I stand up and crow ?
And shall I ever understand
          all that the spaniel senses know ?
Sing, swallows, and touch the horizontal water !
Cry, loon, tonight on the cold, cold lake.
I am prepared to take in my falling fever
with a convalescent's appetite
          all your sweet delights and agonizing screams.

9

Et c'est pour en jouir, simplement pour en jouir.
Voilà que l'eau use le quai doucement,
      le vent agace l'eau,
les mouches se heurtent dans leur mouvement amoureux.
Le soleil m'étourdit, mais je ne suis pas dupe
      de l'arrangement de ses lignes;
ni de comment mon amour m'attire et me refuse;
ma conscience endormie palpite
      à nouveau dans le monde et grandit.
Je ne suis pas différent du monde qui m'entoure,
varié et confus, une chose contradictoire,
cependant, comme l'eau du lac, élégant avec quelque claire
      et délicieuse source…
          Dois-je me lever et exulter ?
Et comprendrais-je jamais
      tout ce que les sens d'un épagneul savent ?
Chantez, hirondelles, et effleurez l'eau étale!
Crie, huard, ce soir sur le lac froid, froid.
Je suis prêt, ma fièvre tombant, à goûter
avec un appétit de convalescent
      tous vos doux délices et vos cris agonisants.

DANIEL SLOATE

Poèmes
Traduits par Michel Maire

The Castle's Stones...

The castle's stones stumble in the sun
Half the tower's secret huddles at my feet
The rest is jagged in the clouds

Not death nor a beginning
Could stir the shadows like this
Some bottomless dream instead
That hovers along the stones
And hides the mist in its broken rooms
And in the empty eyes of the statue
Standing jagged atop the daylight

Les pierres du château...

Les pierres du château chancellent au soleil
La moitié du secret de la tour s'amasse à mes pieds
Le reste se déchiquète dans les nuages

La mort ni une genèse
Ne pourraient remuer les ombres ainsi
Un rêve sans fond plutôt
Qui rôde le long des pierres
Et cache la brume dans ses chambres en ruine
Et dans les yeux vides de la statue
Dressée déchiquetée dans la lumière du jour

Prince Walked to the Cliffs...

Prince walked to the cliffs, a beating thought
In his eyes

This the cliff, and this the field where memory
Groped, holding the wheat aloft

He lay among the whirlpooling grains
Among the shadows of his heart

He lay and caressed the wind, a couplet to his boredom

And he lay until the sun set
Until the last bird was still

The day had brought him the presence of a shadow
Warm and big with sun upon its chest

And the evening took it and thickened it
So Prince might call all the festering twilight
His own

Prince marcha vers les falaises...

Prince marcha vers les falaises, une pensée
Palpitant dans ses yeux

Ceci la falaise, et ceci le champ où la mémoire
A tâtons, tient le blé dressé

Il s'étendit parmi les grains tournoyant
Parmi les ombres de son cœur

Il s'étendit et caressa le vent, un distique à son ennui

Et il s'étendit jusqu'au coucher du soleil
Jusqu'à ce que se taise le dernier oiseau

Le jour lui avait apporté la présence d'une ombre
Chaude et grande avec le soleil sur sa poitrine

Et le soir l'a reprise et épaissie
Alors Prince pouvait appeler tout ce suppurant crépuscule
Son bien

"This Music is a Lash"

"This music is a lash," he said
Naked on his soft pillows

"A lash to the soul and to the loins"

The loins were very still
I could not guess at the soul

The pillows bulged at his head
In the limp sunlight

I spiralled down the stairs
Let Vivaldi wield his whip
The days of the dog are too strenuous
For exercises in skin and sheet

And yet the first hard body on the streets
Cut across my soul
And I followed it, refreshed

«*Cette musique est un coup de fouet*»

«Cette musique est un coup de fouet,» dit-il
Nu sur ses doux oreillers

«Coup de fouet à l'âme et aux reins»

Les reins ne bronchaient guère
Quant à l'âme je n'en savais rien

Les oreillers ballonnaient sous sa tête
Dans la molle lumière du soleil

J'ai dévalé l'escalier en spirale
Que Vivaldi exerce son fouet
Les jours de chien sont trop accablants
Pour pratiquer la peau et le drap

Et pourtant le premier corps ferme dans la rue
A croisé mon âme
Et je l'ai suivi, prêt à nouveau

Violence...

Violence has always been your shadow. Even in sleep, it throbs at your throat or prowls through your dreams.

First you slit the day apart, then unleash the hound straining at your sinews and watch as it mangles the light.

The scraps are eaten or thrown to others as trophies of the hunt; until they, in turn, are mauled then devoured.

One long night as I watched your clenched eyes in sleep, I stroked the dreamhound at your neck, and it slept at last.

And what did the light think, falling from the moon across the face of this soft and sudden child, with a hidden sun for skin ?

La Violence...

La violence a toujours été ton ombre. Même en dormant, elle cogne à ta gorge et rôde parmi tes rêves.

D'abord tu fends le jour en deux, puis lâches le chien qui force tes nerfs et le regarde déchirer la lumière.

Les restes sont mangés ou jetés aux autres, trophées de la chasse; jusqu'à ce qu'eux, à leur tour, soient lacérés et dévorés.

Une longue nuit tandis que je regardais tes yeux crispés dans le sommeil, je caressais le chien du rêve sur ton cou, et il dormit enfin.

Et que pensait la lumière, tombant de la lune sur le visage de ce doux et subit enfant, un soleil caché pour peau?

I Stood with the Wind...

I stood with the wind watching you dig a grave; among the stones your flesh moved in a labour of death.

Naked to the waist, skin singing with wet, and turning upon the axis of life.

Down you lowered your body, shovelling a path to the appalling depth, piling high the soon clay to cover other clay.

Never did I imagine you could die; in the grave itself you were alive and death distant as the stars.

At last your head was level with the grave-edge and I knew a freezing in the bone : the settling clay and your blowing hair were of the same loose colour, and descending.

En plein vent...

En plein vent, je te regardais creuser une tombe; parmi les pierres ta chair s'animait dans ce travail de mort.

Nu jusqu'à la ceinture, la peau chantant en sueur, et tournant sur l'axe de la vie.

Ton corps se courbait toujours plus, ta pelle creusant un chemin vers des profondeurs terribles, remontant l'argile fraîche qui recouvrait l'autre argile.

Jamais je n'avais imaginé que tu puisses mourir; même dans la tombe tu étais en vie et la mort lointaine comme les étoiles.

Et voilà que ta tête était au niveau, au bord de la tombe et je connus le froid dans mes os : l'argile remuée et ta chevelure flottante étaient de la même couleur incertaine, et s'estompant.

As I Lose You...

As I lose you
As the bottom of your eyes
Rises to my sight at last

That blue day returns to the black
From which it was plucked
As firm as light
To be a caress

It was a clasping of driftcolour
That once dry
Powders at a touch

A handful of crumbling light
Faintly foreshadowing our own

Quand je te perds...

Quand je te perds
Quand le fond de tes yeux
Se lève à ma vue enfin

Ce jour bleu retourne au noir
Auquel il fut arraché
Lumière solide
Pour se faire caresse

Ce fut un embrassement, coulée de couleur
Qui une fois sèche
S'effrite

Une poignée de lumière en miettes
Augurant timidement de nous

MARCO FRATICELLI
Le vent est ma toile
(Le journal de Jésus-Christ)
(Extraits)
Traduit par Michel Rondeau

1

This they will not understand: that I have seen your body and not sinned. That I have faced my fear and tasted your tears and known you in ways yet unknown to them.

Mary Magdalen, there are those who say it is an interesting coincidence that you and my mother have the same name, but I will show them coincidences that will cause them to look closer to home.

They cannot look at the earth and try to imagine the rain without thinking of mud. They stare at the sun only to go blind, while I have wandered 40 days through your eyes and survived.

1

Ceci ils ne le comprendront pas: j'ai vu ton corps et je n'ai
pas péché. J'ai affronté ma peur et goûté tes larmes, et je
t'ai connue de façon encore inconnue d'eux.

Marie-Madeleine, d'aucuns disent que c'est une coïnci-
dence intéressante que toi et ma mère portiez le même
nom, mais je leur montrerai des coïncidences qui les feront
regarder plus profondément en eux-mêmes.

Ils ne peuvent pas regarder la terre et essayer d'imaginer la
pluie sans penser à la boue. Ils ne fixent le soleil que pour
s'aveugler, alors que moi j'ai erré 40 jours au travers tes
yeux et j'ai survécu.

2

Night is the same as day, only darker. So too is day the same as night. There is no time when night is not day, nor any place where day is not also night. Only in the mind of man are these things separate. It is a paradox that man who fears loneliness above all things insists on separating himself from everything of which he is a part.

2

La nuit est pareille au jour, seulement plus sombre. De même le jour est pareil à la nuit. Nul moment où la nuit ne soit le jour, et nul endroit où le jour ne soit aussi la nuit. Seul l'esprit de l'homme sépare ces choses. Il est paradoxal que l'homme qui craint la solitude par-dessus tout insiste pour se dissocier de tout ce dont il fait partie.

3

Only man looks into the water to see who he is not. If a man were only his reflection, there would be nothing for him but to grow old. Each person has a river within and it is there that we must look to see our reflection.

The silver jewelry that a man wears is not the man, but the silver water in which a man swims at night is the man.

3

Seul l'homme regarde dans l'eau pour voir celui qu'il n'est pas. Si l'homme n'était que son reflet, il ne lui resterait plus qu'à vieillir. Chacun a en lui une rivière et c'est là que nous devons regarder pour voir notre reflet.

L'homme n'est pas les bijoux en argent qu'il porte, mais plutôt l'eau argentée dans laquelle il nage la nuit.

4

Only predators thrive at night. Man with his false light, and certain animals who must hunt at night to survive, are the only ones about at this time. But even at night there is a beautiful music to be heard if one dares and is careful.

There are those who must fill the darkness with light and loud noises. It is better just to listen to the darkness if one must be about at this time. If a man cannot sleep at night, he tries to escape the night the way he would a wild animal; but as with a wild animal, the best escape is often in stillness.

At night we close our eyes and go to another night. A double night. A double darkness. In sleep, all time is now and every place is here. If there were more of the dream in our waking world, there would be less of the world in our dreams.

4

Seuls les prédateurs habitent la nuit. L'homme, avec sa fausse lumière, et certains animaux qui doivent chasser la nuit pour survivre sont les seuls éveillés à ce moment. Si l'on est hardi et prudent, la nuit a une musique que l'on peut entendre.

Certains ont besoin de remplir l'obscurité de lumière et de grands bruits. Mieux vaut simplement écouter l'obscurité si l'on est éveillé à ce moment-là. S'il ne parvient pas à dormir la nuit, l'homme essaie d'échapper à la nuit comme devant un animal sauvage; mais, tout comme face à l'animal sauvage, la meilleure façon de s'échapper demeure souvent le silence.

La nuit nous fermons les yeux et nous nous dirigeons vers une autre nuit. Une double nuit. Une double obscurité. Dans le sommeil, tout est maintenant et tout est ici. S'il y avait une plus grande part de rêve dans notre monde éveillé, il y aurait une moindre part du monde dans nos rêves.

5

There will come a time when all of this will have decayed. My pain will be locked in poses like the paid model of a sculptor, and it will be bought and sold in the streets like vegetables and cheap wine.

Someday, monuments will spring from the ground like weeds, and all that will be left of me will be loud bells and sunlight on gold.

They will castrate young boys to sing praise to me and they will sell jewelry to paupers in my name ... for this I am about to die.

5

Viendra le temps où tout ceci ne sera plus que ruines.
Ma souffrance sera figée dans des poses identiques à celles
que prend le modèle d'un sculpteur, et vendue dans les
rues comme des légumes et du vin bon marché.

Un jour, les monuments jailliront du sol comme de la
mauvaise herbe et tout ce qui subsistera de moi sera le
tintement des cloches et l'éclat de l'or.

Ils châtreront de jeunes garçons pour chanter mes louanges
et vendront des bijoux aux pauvres en mon nom ... pour
cela je m'apprête à mourir.

ENDRE FARKAS

Poèmes
Traduits par Geneviève Raymond

Poem Proud Papa

This is a poem of my daughter
taken with an Olivetti Lettera 35
months after the moon was full
and the wine so fine

You can't see her yet
(neither could we at that lyric moment)
but in the next stanza

follow closely
the journey of the moon
as it rises to full belly
through the alchemy of months
and feel her pull grow stronger
as she kicks against the form
forcing you to open
push and let go

Suddenly
bloody & beautiful
she is here

Papa pas peu fier

Voici quelques clichés de ma fille
pris à l'Olivetti Lettera 35
de longs mois après cette nuit d'amour
auréolée par le vin et la lune pleine

Tu ne peux pas la voir déjà
(pas plus que nous en cet antan lyrique)
mais dans la prochaine strophe…

Suis bien
la parole de la lune
jusqu'à l'apogée du ventre arrondi
par l'alchimie des mois
sens s'accroître sa force de traction
et ses ruades contre le moule
te forçant à t'ouvrir
pousser et laisser aller

Soudainement
belle et sanglante
la voici

Tree Planting

with C.H.

It's about roots

matted, pulpy, delicate
lying sideways on the lawn
wrapped in temporary earth

It's about rituals

the spade & I & you
incising a holy circle

It's about digging holes

It's about right

It's about reunion

earth's black wormy love
embracing the myriad of mouths
along which the seasons' juices flow

It's about supports

It's about family

It's about stepping back
and making a silent blessing
over something that is clean

It's about washing up
entwining

It's about flowering

En plantant des arbres

avec C.H.

racines

enchevêtrées, charnues, fragiles
gisant sur la pelouse
revêtues d'une terre éphémère

rituels

la pelle   toi   moi
gravant un cercle magique

les trous creusés

jauger   mesurer

ré-union

l'amour humide composté par la terre noire
embrasse des myriades de bouches
d'où s'écoulent les sèves saisonnières

soutiens

famille

un pas en arrière
et la silencieuse bénédiction
devant le travail bien fait

laver   se laver
se lover

floraison

How To

By being
By saying that the take-out counter is closed
By adjusting to the rhythm of the train going to the sea
where one version has it beginning

By being alone
By learning the illusion of leaving everything behind is real
By confessing your sins to a billboard Jesus
By buying a HOW TO book
By breathing
one version has it beginning

At the beginning they tell you
And I'm fool enough to believe it

In the middle they tell you
And I'm fool enough to believe it

At the end they tell you
And I'm fool enough to believe it

as one version of it

With a faith that is absurd
… yet …
With a preposition
With the muses
With a toke in The Dayniter

By being the new voyageur
With a prayer to the void, in which
one version has it beginning

Mode d'emploi

être
se persuader que le comptoir est bel et bien fermé
s'adapter au rythme du train qui va à la mer où
l'une des versions situe le Commencement

être seul
apprendre que cette illusion d'avoir tout laissé derrière
        n'en est pas une
confesser ses péchés aux jésus de pacotille
acheter le mode d'emploi
respirer
l'une des versions assure qu'il en fut ainsi au Commencement

Au Commencement..., dit-on
et je suis assez fou pour y croire

Au Milieu..., dit-on
et je suis assez fou pour y croire

A la fin..., dit-on
et je suis assez fou pour y croire

comme l'une des versions

avec une foi absurde
... mais ...
avec une préposition
avec les Muses
avec un joint sur la banquette du train de nuit

être ce nouveau voyageur
dans sa prière au néant où
l'une des versions situe le Commencement

By letting go
even when you don't want to
Differently each time
Now

one version has it beginning

Laisser aller
même malgré soi
différemment à chaque fois
maintenant

l'une des versions situe le Commencement

I Love You

I love you
as a way to start the poem /
always in the middle of coming
I am,
with the urgency of everyday
with its constant changes of accent,
as figures from every walk of life who
come together on restaurant stools and
sit next to each other to share in secret rituals

I love you
in the middle of the night /
as the night shift hotel clerk who knows the beauty of chances
and who will sign in only your real name the one we all
     answer to

I love you
as a close relative, by birth
by making, by death, in revolution
constantly

I love you
the song goes 24 hrs a day to simple beat
like the heart's
repeated
repeated the variations are one more than many
and are drummed across airwaives
(the beat as the messenger & message)

Je t'aime

Je t'aime
point de départ du poème
toujours au centre du va-et-vient
je suis
dans la frénésie du quotidien
et de ses fluctuations incessantes
comme ces gens dont les trajectoires divergentes
se croisent au comptoir d'un restaurant
dans la célébration de rituels ancestraux

Je t'aime
au mitan de la nuitée
comme à l'hôtel ce réceptionniste de nuit initié aux
        mystères du hasard
et qui n'inscrira sur le registre que ton vrai nom
celui auquel nous répondons tous

Je t'aime
comme un proche parent, par la naissance
le devenir, la mort, en révolution
perpétuelle

Je t'aime
la même ritournelle 24 heures par jour sur un rythme
        prosaïque
comme celui du cœur
coup sur coup
coup sur coup en d'innombrables variations
qui se propagent au fil de l'air
(rythme message rythme messager)

I love you
as a stranger to that place (love)
who, ignorant of its language,
touches only the moment's violence
and calls familiar names with new voices

I love you
as in this saint crazy labyrinth
which weaves through alleys where dreams are heaped
where sheds invite gasoline & match
where the new garden is /
next to main street
next to the mountain crowned by tombs and gray breath
but which is still sanctuary to those who embrace

I love you
as madmen their state

as madmen at the tip of the island
who stroll and stare through windows
and in each
see a naked man playing a violin

Je t'aime
comme un étranger en ce lieu (l'amour)
ignorant tout de son idiome
qui sur la corde raide de l'instant
danse la valse au son du rock-n-roll

Je t'aime
dans ce sacro-saint labyrinthe dément
qui serpente parmi les ruelles où l'on récolte les rêves
là où les remises sollicitent l'essence et l'allumette
là où se trouve le nouveau Jardin
près de la Rue principale
près de la montagne couronnée de tombes et d'haleine grise
mais qui demeure un sanctuaire pour les initiés

Je t'aime
comme les fous leur folie

comme ces fous du bout de l'île
qui flânent et plongent leurs regards par les fenêtres
et dans chacune d'entre elles
voient un homme nu qui joue du violon

Erotica

for G.R.

It is what we cannot have that is erotic;
is the silk negligé suggesting just the right amount
and it's that husky voice and slow stroke
along the curves of its absence that call you to it

It is the unknown that is erotic
its tongue circles your nipples; closes your eyes
with its glistening slide down your chest
and begins your quest across the bridge of sighs

It is what is strange that is erotic;
its mystery is its fingers at your sex
and it has you arching in anticipation
for the new-old-sweet ache of that caress

It is the stranger who is erotic;
s/he always knows that erotic moment
when to stop and when to almost
moan ''no, oh no, please/please not yet''

It is your imagination that is erotic
stroking your lips and riding your thighs
until your senses, all so aroused
come together, come alive

Erotica

à G.R.

L'inaccessible   érotique
un déshabillé soyeux si parfaitement provocant
une voix rauque, ce geste lent
le long de ses courbes absentes te sollicite

L'inconnu inexploré   érotique
sa langue sur tes mamelons, tes yeux clos
par sa luisante dérive vers ton ventre
prélude à ta quête sur le pont des soupirs

L'insolite   érotique
comme un mystère ses doigts sur ton sexe
déjà te voilà cambré, offert
à l'immémoriale inédite exquise douleur de cette caresse

L'étranger/e   érotique
éternel/le virtuose exacerbe ton désir en suspens
à sa merci, silencieusement, presque, peut-être
soupire : «non, pas encore, attends, attends»

Ton imagination   érotique
déflore ta bouche, chevauche tes hanches
jusqu'à ce que tous tes sens en alerte
célèbrent ensemble, célèbrent la vie

MICHAEL HARRIS

Poèmes
Traduits par Jacques Marchand

The Gamekeeper

The salmon is still
in the noiseless black; she was quick-silvered
                    star to the ship whose hull
            has sunk below the bottom of the lake.
                The weeds stand stiff
in the shivering dark, and the gamekeeper's gone

whose bears are now shadows
long done with their powers
                    in the mud-and-cold land.
            The vixen's neat paws print
                    the news in black stars
but the secret's gone quick
                    and dug deeper. Autumn's hold
                has been broken
a million times over
and it's snowing.

The bright hummingbirds flew
            to find their hearts in
            a frenzy, for the sky was a flower
that had lost its center
                    and the swarms in the air
were snow. Now they know all there is to know
of dark. And the gamekeeper's gone

whose crow's a tattoo
at the top of a tree, losing his grip
            at the too-thin tip
of the cold that is pricking him bare.
                He thinks war
and it's war though the summer's surrendered

Le garde-chasse

Le saumon est immobile
dans le silence noir; c'était l'étoile lustrée d'argent
                du bateau dont la coque
        a coulé sous le fond du lac.
                Les herbes se tiennent raides
dans la noirceur qui tremble, et le garde-chasse est parti

ses ours sont maintenant des ombres
aux pouvoirs depuis longtemps perdus
                au pays de la boue et du froid.
            Les fines pattes de la renarde impriment
                la nouvelle en étoiles noires
mais le secret disparaît vite
                et se cache plus creux. L'emprise de l'automne
                s'est relâchée
un million de fois
et il neige.

Les oiseaux-mouches lumineux sont partis
            à la recherche de leur cœur dans
            un vol effréné, car le ciel était une fleur
ayant perdu son centre
                et les multitudes dans les airs
étaient de la neige. Ils savent maintenant tout ce qu'il y a à savoir
sur la noirceur. Et le garde-chasse est parti

sa corneille est un tatouage
au faîte d'un arbre, perdant sa prise
            sur le bout trop mince
du froid qui la pique et la met à nu.
                Elle a des idées de guerre
et c'est la guerre même si l'été a capitulé

　　　　　and raised its white flag
a million times over
and it's snowing.

Now the waddling porcupine's swaying his quills
　　　　　all at sea in the swaddle
　　　　　　　　　of his winter fat;
he is slow in the sudden
　　　　　and no match at all
　　　　　　　　　for the silk and soft skins
of winter. He chews bark,
for the gamekeeper's gone

whose snakes took green with them
　　　　　and wove it in a bundle
　　　　　　　　　and buried it under a rock,
for the earth had stopped in tatters
　　　　　and lay down dead-white
　　　　　　　　　dead-skinned, belly-up
and not right. Then the wind coiled hugely,
　　　　　struck and coiled and shed its white
a million times over
and it's snowing.

Plump rats and grey weasels channel blindly
　　　　　their fright, clawing squealing
at their tunnels : to core them, seal them, escape
　　　　　from the light, from the ache
of a world wide with snow; but their black brains
are caught, are furnaced with the spark :
the gamekeeper's gone

et hissé son drapeau blanc
un million de fois
et il neige.

Maintenant le porc-épic se bringuebale en faisant tanguer
        ses piquants
                en pleine mer dans les langes
                        de sa graisse d'hiver;
il est lent dans le froid soudain
                et nullement à la mesure
                        des peaux de satin doux
de l'hiver. Il mâche de l'écorce
car le garde-chasse est parti

ses serpents ont emporté le vert
                et l'ont mêlé en un ballot
                        et l'ont enterré sous une roche
car la terre s'était arrêtée, en loques,
                pour se coucher, blanche comme la mort,
                        sens dessus dessous, la peau morte.
Alors le vent s'est enroulé, immense,
                a frappé et s'est enroulé et dépouillé de son blanc
un million de fois
et il neige.

Des rats dodus et des belettes grises creusent aveuglément
                leur effroi, couinant, griffant la terre
de leurs tunnels : ils les vident, les scellent, se sauvent
                de la lumière, de la douleur
d'un monde à perte de neige; mais leurs cervelles noires
sont prises au piège, enflammées par l'étincelle :
le garde-chasse est parti

whose starving, still hopeful, pure panic of deer
        tiptoe the brittle-twigged landscape to silence
to a deadhalt
at the appletree; and the appletree's victory stays
        stiff-necked, full of thrash
in its iron-bare head of black antler,
in the slow-moving barrens of its branches
        where the sky falls to pieces
sinking deeper and deeper
a million times over;
and it's snowing on the otter
whose eye is a film of ice.
It whispers blessing the shivering field-mouse
whose heaven is black with snow.
It is snowing on the hare
whose fur is a layer of winter.
It falls against the houses,
against the drinkers in the bars,
a million times over. The gamekeeper's gone.

The fields harden fast
around their stone.

ses chevreuils pris de panique, affamés mais gardant espoir
            traversent sur la pointe des pattes le paysage
        de brindilles
jusqu'au silence, jusqu'au point de non-retour
sous le pommier; et la victoire du pommier
                est têtue, pleine d'ordures
dans la nudité ferreuse et noire de son endouiller,
dans le mouvement lent de ses branches stériles
                où le ciel tombe en miettes
s'enfonçant de plus en plus creux
un million de fois;
et il neige sur la loutre
son œil est un voile de glace.
Elle murmure une bénédiction au mulot grelottant,
son paradis est noir de neige.
Il neige sur le lièvre,
sa fourrure est une couche d'hiver.
Elle tombe tout contre les maisons,
tout contre les buveurs dans les bars,
un million de fois. Le garde-chasse est parti.

Les champs durcissent vite
autour de leurs pierres.

Pictures of the War

After the news, in which a man
shot a bullet through another man's head,
in a gathering together of facets,
the river by the millwheel frosted over;
the wheel itself stopped slowly, quietly,
so there seemed no break of wooden bones;
and it seemed the ice closed tight, quietly.

But I heard something : a slow-trundling cart
herding citizens over cobblestone streets,
the sound that makes; the sound that makes
the heart shake; a shaking like lake-ice
thumping in its deep way with winter come.

It is how winter comes when the moon
is waxing, and the grass silver-coated
in a fine chainmail of snow. How winter comes
down off his grey horse after the summer ride
and stands there shooting clouds of white breath out.
O God. I am sick. The snow everywhere falling
is old, chewed, spewed bits of bone.

Images de la guerre

Après les nouvelles où un homme
tire une balle dans la tête d'un autre homme,
en rassemblant les morceaux,
la rivière a gelé près de la roue du moulin.
La roue elle-même s'est arrêtée lentement, sans bruit,
les os de bois ne semblaient pas vouloir se rompre
et la glace semblait figée dure, sans bruit.

Mais j'ai entendu quelque chose : une charette tirée lentement
trimbalant des citoyens dans des rues pavées de pierres,
le son que ça fait, le son qui fait
trembler le cœur : un tremblement comme le pouls profond,
lorsque l'hiver est arrivé, de la glace du lac.

C'est comme ça que l'hiver arrive lorsque la lune
croît et que la neige se fait une cotte de mailles
avec l'herbe laquée d'argent. Comme l'hiver descend
sa monture grise après la chevauchée de l'été
et reste là, tirant de ses poumons des nuages blancs.
Bon Dieu. J'ai mal au cœur. La neige qui tombe partout
est vieillie, toute mâchée, des os que l'on crache.

His Daughter

His rough hands smooth and sort
the harvest of her hair, braiding
strands of gloss into neat plaits.

Her head inclines to each soft tug
until all the waves of curl are caught
and tamed in a sure, tight splice,

though her friends dance on the dock
skipping through the dark, calling out
by baskets of senseless fish.

His own friends finish their coiling
and stitching, mending nets and lines
and call him for drinks to the bright café.

They sit apart, these two, and take a long time
talking softly in the dark, though the man's speech
slows as he feels the familiar pull at his hand.

He attends to her talk with fisherman's patience
above the cradle of the sea
which bears them both in its slow-breathing bed

and lullabies now, with lisp and whisper
the small boat's hull, until the red trim darkens
and the red sides run like blood into the water.

Sa fille

Ses mains rudes lissent et démêlent
le froissement de cheveux, nattent
les mèches brillantes en tresses serrées.

La tête de l'enfant s'incline à chaque petite secousse
jusqu'à ce que toutes les vagues de boucles soient prises
        au piège,
retenues dans une épissure solide.

Ses amies dansent sur le quai,
sautillant dans la noirceur, lui lançant des appels
près des paniers de poissons engourdis.

Ses amis à lui finissent d'enrouler
et de recoudre, de réparer leurs lignes et leurs filets
et l'appellent pour aller boire au café lumineux.

Ils sont assis à part, ces deux-là, et prennent tout leur temps
pour parler doucement dans le noir, mais la parole
    de l'homme
ralentit lorsqu'il sent cette petite pression familière sur
        sa main.

Il écoute ce qu'elle dit avec la patience du pêcheur
au-dessus du berceau de la mer
qui les porte tous deux dans son lit au souffle lent

et leur chante une berceuse dans le murmure
de la coque du petit bateau, jusqu'à ce que les voiles
        rouges foncent
et que les flancs rouges coulent comme du sang dans l'eau.

When the sun sinks, scattered in the harbour, then
she bursts away, dancing happy in the dark,
hauling that laughter hard through his heart.

Lorsque le soleil sombre et s'éparpille dans le port,
elle détale à toutes jambes et danse, heureuse dans le noir,
halant son rire à travers le cœur de l'homme.

The Sparks

A wooden chair, a table, a few
remaining books and a bowl

my girl made me, these I saw
when the wind blew down through the chimney

and the fire billowed at the room.
Some would think it poverty to live

surrounded by so few things,
or simple the heat the fire gives.

The fire arights itself, shouldering
its smoke skywards; the sparks

fade like old stars on the carpet,
leaving the smallest of scars.

Les flammèches

Une chaise en bois, une table, les quelques
livres qui restent et un bol

que ma blonde a fait pour moi; c'est ce que j'ai vu
lorsque le vent s'est engouffré dans la cheminée

et que le feu s'est enflé vers la pièce.
Certains trouveraient pauvre de vivre

entouré de si peu de choses
ou simple la chaleur que donne le feu.

Le feu se tasse, repoussant
sa fumée vers le ciel; les flammèches

s'étiolent comme de vieilles étoiles sur le tapis,
laissant les plus minuscules des cicatrices.

MARY MELFI

Poèmes
Traduits par Fulvio Caccia

Let's Get to the Climax

Futility and I are multiplying.
     Her left nipple is a strawberry (comedy)
     and her entire right breast is made of cork
     (tragedy).
I adore her because she has taken away all obstacles
     (she is not an obstacle in my way by the way).
Futility and I meet (off stage) twice a week
     and my grandmother watches all this
     on her deathbed.

Allons jusqu'au bout

La futilité et moi, nous nous multiplions.
> Son mamelon gauche est une fraise (comédie)
> et son sein droit est entièrement fait de liège
> (tragédie).
Je l'adore parce qu'elle a écarté tous les obstacles
> (elle n'est plus un obstacle sur mon chemin,
> soit dit en passant).
La futilité et moi, nous nous rencontrons (derrière la scène)
> deux fois par semaine, et ma grand-mère surveille
> tout cela de son lit de mort.

The Sword Dance

Swordfishes, swordsmen too, are equipped to get along
     in life
but I'm equipped to be a dancer on the stars.
Your love is my equipment.
I'm equipped for two hundred thousand sword dances on
     the stars.

I've no need for walking sticks.
I'm equipped to be a dancer on the stars.
Dump all the walking sticks into the sea.
Let the swordfish eat them for all I care.

I'm equipped to pick up stars—
your love is that versatile a thing.
In fact, your love makes all swordsplay worthwhile.

Allow the world, that able but ill-tempted swordsman,
to cut off your heads. We'll be merry.
We're equipped with lots of tricks.
You and I, two starry-eyed lovers in one costume,
will face the world looking like a giant star.

La dance du sabre

L'espadon et l'escrimeur sont bien armés pour la vie
mais moi je suis faite pour danser dans les étoiles.
Ton amour est mon armure.
Je suis parée pour deux mille danses du sabre dans les étoiles.

Je n'ai nul besoin de béquilles.
Je suis prête à être danseuse dans les étoiles.
Jeter toutes les béquilles à la mer.
Que l'espadon les dévore, m'est égal.

Je suis prête à cueillir les étoiles—
ton amour est si changeant.
En fait ton amour rend tout jeu d'épée admissible.

Permettons au monde, cet escrimeur adroit mais irascible,
de nous trancher la tête. Nous serons heureux.
Nous avons d'autres tours dans notre sac.
Toi et moi, deux amants aux yeux étoilés dans un seul et
        même costume,
nous affronterons ce monde semblable à une étoile géante.

The Lobotomy

Eternity or one of her mates
performed a lobotomy
on all the mountains and rivers.
The operations were unsuccessful.
They died. Eternity suffered remorse.
She laid all the mountains and rivers on her bed.
She has no more worries concerning their mental health.
(They will not lay their hands on her.)

Lobotomies were also performed
on all the animals, except mankind.
Take that slimy prince for example, the frog.
I do envy his sanity! Why with his love
for the sun and the mud that little bastard
is better off than all the kings of the world.
He is not waiting for a kiss from Ms. Eternity.
Eternity kissed the frog underneath her operating lights.

To gain favor with Eternity
I will feed the little tart half my brain.
I will pretend that neurosurgeon is sick
and my brain is medecine.

With half my brain missing
I'm bound to give up reading the obituaries (voraciously).

Lobotomie

L'Eternité ou l'un de ses comparses
pratiqua une lobotomie
sur tous les monts et rivières.
Les opérations échouèrent.
Ils moururent. L'Eternité eut des remords.
Elle coucha tous les monts et rivières sur son lit.
Elle ne se fait plus de soucis pour leur santé mentale.
(Ils ne porteront pas la main sur elle.)

Des lobotomies furent également pratiquées
sur tous les animaux, à l'exception de l'homme.
Prenez par exemple ce prince visqueux, la grenouille.
Que j'envie sa santé! Pourquoi, avec son amour
pour le soleil et la boue, ce petit bâtard
est-il mieux que tous les rois du monde ?
Il n'attend pas de baiser de Miss Eternité.
L'Eternité embrassa la grenouille sous les lumières de
      la salle d'opération.

Pour obtenir la faveur de l'Eternité
je nourrirai le petit bâtard de la moitié de mon cerveau.
Je laisserai croire que le neurochirurgien est malade
et que ma cervelle est un remède.

En perdant la moitié du cerveau
je devrai abandonner la lecture (vorace) des nécrologies.

A System of Lines: My Husband

His self-portrait consists of
horizontal and vertical lines.
I am there as a huge circle
he is carrying on his shoulders.

Each time I look at it
I discover something else about him.
"I escaped such simplification
a long time ago," he warns.

"Hold your tongue," I think,
"surprise is another form of violence."

Un réseau de lignes: mon mari

Son auto-portrait se résume
en un jeu de lignes horizontales et verticales.
Je suis là comme un cercle immense
qu'il porte sur ses épaules.

Chaque fois que je le regarde
je lui découvre quelque chose d'autre.
«J'ai fui ce genre de simplifications
il y a bien longtemps,» prévient-il.

«Tiens ta langue,» pensé-je,
«la surprise est une autre forme de violence.»

Look

That window isn't part of the mosaic
It's not covered with paper stars either
In fact there are no curtains

What's behind the window isn't amazing
It's not like an elephant or like a wild flower either

There's something behind it I'd prefer not to see
In fact I'd rather stare at a sink
than stare out that window

It's not useful
One look was enough to hurt my eyes
Another look might pluck out my eyes altogether

I'd better start thinking
of churches with stained-glass windows
I might need some help after all
to look out that crazy window

I can't avoid seeing its stains
I can't avoid being mortal

Regard

Cette fenêtre ne fait pas partie de la mosaïque
Elle n'est pas couverte non plus de papier étoilé
En fait elle ne porte pas de rideaux

Ce qu'il y a derrière la fenêtre n'est pas surprenant
Ce n'est pas comme un éléphant ou une fleur sauvage

Il y a quelque chose derrière que je préfère ne pas voir
En fait mieux vaut fixer le lavabo plutôt que cette fenêtre

C'est inutile
Un seul regard suffit à me blesser les yeux
Un autre pourrait me les arracher complètement

Je ferais mieux de commencer à penser
aux églises parées de vitraux
Après tout je pourrais avoir besoin d'aide
pour regarder par cette folle fenêtre

Je ne peux m'empêcher de regarder ces teintes
Je ne peux m'empêcher d'être mortelle

The Earrings of a Gypsy

Here's the symbol you've been waiting for : earrings!
Or is the symbol the old woman who is wearing the earrings?

The earrings are surely not the golden fleece or anything
    like it.
There's no legend behind them.

Ghosts have their own legends but an old woman
who is wearing golden earrings to attract attention
knows nothing about that.

The earrings rub against her shoulder blades
(unnecessarily exposed like the roots of an oak tree)
and that's obscene because she's too old
for that kind of love story.

Allow me to play hula-hoop with those earrings.
I'm the devil.
Those hooks which attach one part of her body to the other
are more expensive than the market allows her body to go
    for these days
(unlike the hooks in a butcher's shop which count for
    nothing).
I wish she were famous for her cooking but that's not the case.

She's just a symbol of mediocrity—
and that makes you mad as hell because you think
that's only my way of turning a legend into an inanity.

Les boucles d'oreilles d'une gitane

Voici le symbole que tu attendais : des boucles d'oreilles!
Ou est-ce le symbole d'une vieille femme qui les porte?

Les boucles d'oreilles ne sont certainement pas la toison d'or
ou quelque chose d'approchant.
Elles n'ont pas de légende.

Les fantômes ont la leur mais une vieille femme
qui porte des boucles d'or pour attirer l'attention
n'en sait rien.

Les boucles frottent ses omoplates
(impertinemment exposées comme les racines d'un vieux chêne)
ce qui est obscène parce qu'elle est trop âgée
pour ce genre d'histoire d'amour.

Permets-moi de jouer au hula-hoop avec ces boucles.
Je suis le diable.

Ces crochets qui attachent une partie de son corps à l'autre,
sont plus chers que l'actuelle valeur marchande de son corps
(à la différence des crochets du bouchers qui ne valent rien).
Je souhaiterais qu'elle fut réputée pour sa cuisine
mais ce n'est pas le cas.

Elle n'est qu'un symbole de médiocrité—
et cela te rend fou furieux parce que tu penses
que c'est seulement ma façon à moi
de réduire une légende en inanité.

KEN NORRIS

Poèmes
Traduits par Marie Evangeline Arsenault

In Pursuit of Love

Chasing you down the street, you are walking & I am running & still I get no closer, knocking myself out over you, it's been twenty-three miles of this, & I am crying, a face full of tears, & you are walking slowly but deliberately step after step into the time of your life.

Chasing you around the bed all night long, & you in retreat though you tell me it's love, & I keep after you to the four corners of the bed where I fall upon you & start you heading for another point of the compass.

Chasing you, calling you by the thousand names of love, calling you perfection & knowing I am lying, calling you on the phone, asking if I can come home yet, asking, always asking, though never pleading, though maybe once, always asking you to love me.

Chasing you in a fast car, make it a Maserati, & you in your English elegance, driving fast ahead of me in a compact convertible, your hand on the stick shift, every time you shift gears I can feel my heart failing, but driving on in pursuit, knowing I can't do anything but try, knowing we may pile up around any turn, cruising by any tree, not caring, putting my hand on the wheel & heading straight for that big oak, you wrenching the wheel back & slamming on the brakes, yelling at me for wanting to kill you when it's really the both of us that I want to kill.

A la poursuite de l'amour

Te poursuivant dans la rue, tu marches et je cours et ne me rapproche toujours pas, me démène pour toi, ça dure depuis vingt-trois milles et je pleure, le visage ruisselant de larmes et tu marches délibérément lentement, pas à pas vers la bacchanale.

Te poursuivant toute la nuit autour du lit et tu bats en retraite même si tu me dis qu'il s'agit là d'amour, et je te harcèle jusqu'aux quatre coins du lit où je tombe sur toi et te pousse à repartir vers un autre point de la boussole.

Te poursuivant, t'appelant des mille noms de l'amour, t'appelant Perfection tout en sachant que je mens, te téléphonant, te demandant si je peux enfin rentrer, demandant, toujours demandant, mais ne suppliant jamais, sauf une fois peut-être, et toujours te demandant de m'aimer.

Te poursuivant dans une voiture rapide, disons une Maserati, et toi dans ton élégance anglaise, conduisant vite devant moi dans ta décapotable compacte, la main sur le levier de vitesse, chaque fois que tu changes de vitesse je sens le cœur qui me manque, mais continuant la pour- suite, sachant que je ne peux rien faire d'autre qu'essayer, sachant qu'on pourrait s'emboutir à chaque tournant, roulant près de chaque arbre, moi indifférent, saisissant le volant, mettant le cap sur ce grand chêne, toi redressant violemment le volant et freinant à mort, hurlant parce que j'ai voulu te tuer alors qu'en fait je veux nous tuer tous les deux.

Chasing you through the streets of New York, buying you a drink at every bar, trying to rein you in, trying to follow you down, following you down & then waking up to find you gone, chasing you a thousand times like Apollo after the sweet sweet ass of Daphne, how many times you magically get turned into a tree & I stroke your bark & try to call you out, but you are wood, frozen between earth & sky.

Chasing you & then catching you, & you toss me up into the air & catch me & toss me again & again & again & there are rivers flowing where we lie, & then you lie to me again & again & again.

Chasing you, an angel, up through the celestial sphere, trying to clip the wings of your purity, trying to drag you, in your white robes, down into some muddy bed, stepping on clouds, trying to get to you, & hating you for every step you make me take up & away from the earth, wanting very little of your spirituality, but wanting your body lightly dusted by it, & being tied by my own handicaps, & being tied by the other angels that hover all around you, & being tired of the mystic rose you wear in your hair.

Te poursuivant dans les rues de New York, te payant un verre à chaque bar, essayant de te ramener au pas, essayant de te suivre, te suivant pour me réveiller seul, te poursuivant pour me réveiller seul, te poursuivant mille fois comme Apollon poursuivant le suave, si suave cul de Daphné, combien de fois te seras-tu métamorphosée en arbre, et je caresse ton écorce et t'appelles pour t'en faire sortir, mais tu es de bois, figée entre ciel et terre.

Te poursuivant puis t'attrapant et tu me lances dans les airs et me rattrapes et me relances encore et encore et encore et des rivières coulent où nous nous étendons, et puis tu me mens encore et encore et encore.

Te poursuivant, ange, à travers la sphère céleste, essayant de rogner les ailes de ta pureté, essayant de te traîner, avec ta robe blanche, dans quelque lit de boue, piétinant les nuages, tentant de t'atteindre et te haïssant pour chaque pas que tu m'imposes et qui m'éloignes de la terre, ne désirants que très peu ta spiritualité, mais désirant ton corps qui en est teint, retenu par mes propres handicaps, par les autres anges qui voltigent autour de moi, fatigué de la rose mystique que tu portes dans les cheveux.

You Are Reading...

You are reading this too fast.
Slow down, for this is poetry
and poetry works slowly.
Unless you live with it a while
the spirit will never descend.
It's so easy to quickly cut across the surface
and then claim there was nothing to find.
Touch the poem gently with your eyes
just as you would touch a lover's flesh.
Poetry is an exercise in patience,
you must wait for it to come to you.
The spirit manifests in many guises;
some quiver with beauty,
some vibrate with song.
What is happening?
Slow down, slow down,
take a few deep breaths,
read the poem slowly,
read the lines one at a time,
read the words one by one,
read the spaces between the words,
get sleepy, this is poetry,
relax until your heart
is vulnerable, wide open.

Vous lisez...

Vous lisez beaucoup trop rapidement.
Ralentissez, c'est de la poésie
et la poésie agit lentement.
A moins de cohabiter quelque temps avec elle,
son esprit ne se manifestera pas.
Il est si facile d'en parcourir à toute allure la surface
et de prétendre qu'on ne pouvait rien y déceler.
Caressez doucement le poème des yeux,
comme vous effleureriez la peau d'un amant.
La poésie est exercice de patience,
vous devez attendre qu'elle vienne à vous.
L'esprit se manifeste sous divers déguisements;
certains frémissent de beauté,
d'autres vibrent dans un chant.
Que se passe-t-il ?
Ralentissez, ralentissez,
respirez profondément,
lisez le poème lentement,
lisez les lignes, une à la fois,
lisez les mots, un à un,
lisez les espaces entre les mots,
laissez-vous vous assoupir, c'est de la poésie,
détendez-vous jusqu'à ce que votre cœur
soit vulnérable, grand ouvert.

The Poems that Gather Tonight...

The poems that gather tonight
have come a long way, carry different passports,
all kinds of suitcases & boxes tied with string.
They have emigrated across barren stretches of land
to come to this life, this dream, foreigners always.
They will work hard at learning the language of the day,
will point to items on menus they don't understand
and hope for something reasonable to cross their plates.
Sometimes they fear they have entered a country
where live only barbarians.
Their nightmares revolve around strange sexual encounters
with uncaring and perverse strangers.

Les poèmes réunis ce soir...

Les poèmes réunis ce soir
proviennent de loin, portent divers passeports,
toutes sortes de valises et de boîtes ficelées.
Ils ont dû parcourir des terres stériles
pour parvenir à cette vie, ce rêve.
Toujours des étrangers.
Ils s'efforceront d'apprendre le langage du jour,
désigneront sur des menus des item qu'ils ne comprennent pas
tout en espérant que quelque chose d'acceptable traversera
        leurs assiettes.
Ils craignent parfois d'avoir pénétré un pays
où ne vivent que des barbares.
Leurs cauchemars portent sur d'étranges rencontres sexuelles
avec des étrangers pervers et sans tendresse.

On the Death of Max Ernst

My friends, Max Ernst is dead.
You knew Max, that elderly gentleman
Who ran the tailor shop down the street,
Who pushed cocaine under the counter,
Who raised havoc by lowering his prices.
You knew Max, the pervert they found
One morning exhausted after spending a night
Screwing park benches, dear sweet Max.
Dear
Sweetmax,
Now with Marcel & Tristan & Hans & Richard
& Marcel & Raoul & Hanna & George
& Wieland & John & Kurt & Theo
& Francis & Man, all in heaven,
Young again & putting the authorities
Uptight, a soiree here, a soiree there,
Dada in the cabarets down the back alleys
Of the golden streets of decadent NewJerusalem.
My friends, Max Ernst is dead.

Sur la mort de Max Ernst

Mes amis, Max Ernst est mort.
Vous le connaissiez, Max, ce gentleman d'un certain âge
qui tenait la mercerie du coin,
vendait de la cocaïne sous le comptoir,
générait le chaos en baissant ses prix.
Vous le connaissiez, Max, le pervers qu'ils ont trouvé
un bon matin, éreinté par une nuit passée
à baiser les bancs de parc, cher Max, si gentil,
Cher-et-gentil-Max.
Aujourd'hui en compagnie de Marcel, de Tristan,
        de Hans, de Richard,
de Marcel, de Raoul, de Hanna, de George,
de Wieland, de John, de Kurt, de Théo,
de Francis, de Man, tous au ciel,
de nouveau jeunes et déconcertant les autorités,
une soirée par-ci, par-là, dada
dans les cabarets de fonds de ruelles
des rues dorées de New Jerusalem, la Décadente.
Mes amis, Max Ernst est mort.

The Trouble with Angels

The trouble with angels
Is that they buckle at the waist,
Bellies overlapping where their genitals
Should be. The trouble is that
They've always got an eye on the clock,
Are always reckoning the time till Judgement Day.
The trouble is their wings won't lie
Flat on the bed once we've gotten them
That far; the trouble is that, by
Necessity, they have to be on top.
The trouble is the insane desire we feel
To pluck their wings feather by feather.
The trouble is that by day they look so lovely
But glowing in the dark by night so frightening.
The trouble with angels is that the world
Has provided no place for them.

L'ennui avec les anges

L'ennui avec les anges,
c'est qu'ils gauchissent à la taille
et leur ventre pend là où sont
sûrement leurs organes génitaux. L'ennui c'est
qu'ils lorgnent toujours l'horloge,
calculant toujours le temps qu'il reste avant le jour du
    Jugement dernier.
L'ennui c'est que leurs ailes ne s'étalent pas sur le lit une fois
qu'on a réussi à les entraîner jusque là.
L'ennui c'est qu'ils doivent
forcément être par-dessus.
L'ennui c'est cette envie folle que l'on ressent
de les dépouiller plume par plume de leurs ailes.
L'ennui c'est qu'ils semblent si beaux le jour
mais si terrifiants lorsqu'ils luisent dans la nuit.
L'ennui avec les anges, c'est que ce monde
n'a pas pour eux prévu de place.

ANNE McLEAN

Journal d'une nonne

(Extraits)

Traduit par Marie Evangeline Arsenault

1

It must be remembered that when God came here, he was seen as a sick man with an unspeakable burden of pain, and an unattractive personal history. For a long while he held himself aloof. But recently he has begun to give personal audiences, as if silence itself had become too heavy for him.

This practice of meeting with individual nuns in private has already led to some gossip in the village. Not surprisingly, there have been one or two "incidents".

We would all do well to proceed with caution when dealing privately with God.

1

Il importe de se rappeler qu'à son arrivée, Dieu était perçu comme un homme malade portant comme un fardeau une douleur innommable, et un passé peu reluisant. Pendant longtemps, il s'est tenu à l'écart. Récemment, il a entrepris d'accorder des audiences privées comme si maintenant le silence même lui pesait lourd.

Cette pratique de rencontres individuelles, en privée, avec des religieuses a déjà suscité des commentaires malveillants au village. Rien d'étonnant, puisqu'il y a eu un ou deux «incidents».

Nous gagnerions tous à procéder avec prudence lorsque nous commerçons avec Dieu dans l'intimité.

Should it happen that God invites a devotee into his private studio, removes his shining robe, and displays to her his genitals rotting with syphilis, this should not evoke feelings of despair or suicide, or even an ordinary sense of disappointment. Should a devotee have the honour of receiving such esoteric teachings, she should assume this trust and its consequences with a cheerful heart, as if it were nothing out of the ordinary.

Consider the bride on her wedding night who discovers that, due to a recent accident, her new husband is completely impotent. Does she rush to her parents to have the marriage annulled? No, she sets out to make the best of the circumstances which fate has allotted her. In the same spirit of self-sacrifice, we should endeavour to become worthy of each new gift of knowledge, remembering that in the beginning it was we who asked to see God, and not the other way around.

Increased wisdom always implies increased responsibility.

S'il arrivait que Dieu invite une adepte dans son atelier privé, qu'il enlève sa robe éclatante et qu'il lui montre ses organes génitaux rongés par la syphilis, ceci ne devrait provoquer ni sentiment de désespoir ni le désir de se suicider ni même un simple sentiment de désillusion. Si une adepte avait l'honneur de recevoir un tel enseignement ésotérique, elle devrait endosser cette confiance et ses conséquences le cœur joyeux, comme si de rien n'était.

Ainsi, examinons le cas de la mariée qui, lors de sa nuit de noce, découvre que récemment, un accident a laissé son nouveau mari complètement impotent. S'empresse-t-elle de demander l'annulation du mariage auprès de ses parents ? Non. Elle entreprend de tirer le meilleur parti de son sort. C'est avec ce même esprit d'abnégation que nous devons nous efforcer d'être digne de chaque nouvelle connaissance qu'il nous est donné de recevoir, n'oubliant pas qu'à l'origine, c'est bien nous qui demandions de voir Dieu et non le contraire.

Une plus grande sagesse implique toujours une responsabilité accrue.

3

I dreamt that I was racing through the corridors in the first light of dawn, a nun in a medieval convent, somewhere in the south of France. Little squares of light fell through the tiny windows, lighting up austere walls like medallions of the Virgin. I climbed to the belfry and took hold of the bell. In the night I had seen a vision; now I was wakening the other sisters, to tell them the wonderful news.

The ringing rolled out in joyful waves in all directions. "Wake up sisters! He has not left this world! He will stay here with us a little longer! His work is not quite finished. He still has faith in us! He is planning a great World Tour!"

No sooner had I spoken these words than I collapsed on the floor in convulsions. When I woke I had aged twenty years. My hair was dry and grey, my lips caked from an unbearable thirst. The face I saw in the mirror was full of derision. It was the face of a nun, in a medieval convent, somewhere in the south of France.

And all along I had thought I was a beautiful dark-haired lady, married to a duke, in the region of the Loire, who only dreamed of being a nun.

3

J'ai rêvé que je courais dans les corridors aux premières lueurs de l'aube, que j'étais une religieuse dans un couvent médiéval situé dans le sud de la France. De petits carrés de lumière tombaient des petites fenêtres et illuminaient comme des médaillons de la Vierge les murs austères. Je grimpai jusqu'au beffroi et m'emparai de la cloche. J'avais eu une vision dans la nuit. Je devais maintenant réveiller les autres religieuses pour leur faire part de la merveilleuse nouvelle.

Le son des cloches se répandit en vagues joyeuses dans toutes les directions. «Réveillez-vous mes sœurs! Il n'a pas quitté ce monde! Il restera avec nous un peu plus longtemps! Son travail n'est pas tout à fait achevé. Il a encore confiance en nous! Il se propose de faire une tournée mondiale!»

A peine avais-je prononcé ces paroles que je m'écroulai en proie à des convulsions. A mon réveil, j'avais vieilli de vingt ans. Mes cheveux étaient secs et gris, mes lèvres asséchées par une soif insupportable. Le visage dans le miroir en était un plein de dérision. C'était le visage d'une religieuse dans un couvent médiéval quelque part dans le sud de la France.

Et pendant tout ce temps j'avais cru être une belle dame à la chevelure noire, mariée à un duc, vivant dans la région de la Loire, rêvant seulement d'être une religieuse.

"You imbecile!" said the face in the mirror. "Now at last you've woken up. You wasted your life and nothing has happened!"

I put my head against the stone and the inhuman howling began.

«Imbécile!» dit le visage dans le miroir. «Enfin tu te réveilles. Tu as gaspillé ta vie et rien ne s'est passé!»

J'appuyai ma tête contre la pierre et commencèrent alors les hurlements inhumains.

4

Alone, alone at last. I hear him breathing somewhere in the dark. My hair roots clench. I am bolted to the wall, waiting. And now he is here. Was that a gasp just now? He seems to be approaching, concealing his excitement.

And here we are at last. Where she can never find us. Upstairs she is knitting. She doesn't know we're down here, exactly below her little feet. A moment ago I heard her pacing. Pacing and knitting at the same time. I think she senses something. It must be seeping up through the floor and stimulating her through her shoesoles.

Yesterday too, he was here. I was hanging from the ceiling, as planned. He approached me from behind, and planted a hand on my stomach. My body oozed like the walls. I was accepting, I didn't scream when he implanted his tiny organ. For raping boys in the other World, they gave him a small but penetrating tool in this one. I am not the first woman he has gotten to know this way. He pities me slightly. For hanging here. I said, I do it for Beings like You. I felt his sneer against my neck. He stiffened. "I have no sympathy for that," he said.

No sympathy? I said. Then why are you here? Why did you bother to come?

4

Seule. Enfin seule. Je l'entends respirer quelque part dans le noir. Je sens les racines de mes cheveux qui se serrent. J'attends, rivée au mur. Et voilà qu'il est là. Etait-ce un halètement ? Il semble s'approcher, dissimulant son agitation.

Et nous voilà enfin. Là où elle ne peut nous trouver. Elle tricote là-haut. Elle ignore que nous sommes ici, en bas, tout juste au-dessous de ses petits pieds. Il y a un moment, je l'entendais faire les cent pas. Faire les cent pas et tricoter en même temps. Je crois qu'elle soupçonne quelque chose. Sans doute que cela suinte à travers le plancher et l'excite par les semelles de ses souliers.

Hier aussi il était là. Je pendais du plafond tel que prévu. Il m'approcha par derrière et flanqua une main sur mon ventre. Mon corps suintait comme les murs. J'acceptai. Je ne criai pas quand il me pénétra de son petit membre. Ils lui ont donné un instrument petit mais pénétrant pour avoir violé des garçons dans l'autre Monde. Je ne suis pas la première femme qu'il ait connu de cette façon. Il me plaint un peu. Me voyant pendue ainsi. Je lui dis que c'est pour des Etres comme Toi que je le fais. Je le sentis ricaner dans mon cou. Il se raidit. «Je n'ai aucune sympathie pour ça,» dit-il.

Aucune sympathie ? Alors que fais-tu ici ? Pourquoi t'es-tu donné la peine de venir ?

I was happy when the donkey and I reached the mountain road, where one rarely meets a human being apart from the odd roving bandit.

But he was waiting for me at the usual place. I almost took him for a tree; he leered as I passed and extended a crooked, grey hand, but I slapped it away.

"You don't scare me, you monster," I said. "Go back to the convent where you belong."

He jumped into the middle of the path, and stood there, grinning up at me. "Have you heard?" he said. "There's a new form of Mind Training for women."

"How very interesting," I replied, urging the donkey forward. G. was trotting along beside.

"Yes," he said. "It starts with a radical haircut. Then you get raped by Huns. Afterwards, they let you crawl around on all fours for a while..."

"Oh really?" I said. "What is the name of this Training?"

"Some call it Love, some Marriage." He was panting by now, face distorted with the exertion. "Would you care to sign up?"

5

J'étais heureuse quand l'âne et moi avons gagné la route de la montagne là où l'on ne rencontre que rarement âme qui vive mis à part l'occasionnel bandit qui rôde.

Mais il m'attendait à l'endroit habituel. Je faillis le prendre pour un arbre; comme je passai, il me lorgna et tendit une main grise et tordue que je repoussai brusquement d'une gifle.

«Tu ne me fais pas peur, monstre. Retourne à ta place au couvent.»

Il sauta au milieu de la route et y demeura, me regardant avec son large sourire. «As-tu appris la nouvelle? Il y a une nouvelle forme d'Apprentissage Mental qui s'adresse aux femmes.»

«Comme c'est intéressant,» lui répondis-je, pressant l'âne d'avancer. D. trottait tout près.

«Oui,» dit-il, «cela commence par une coupe de cheveux radicale. Alors suit le viol par les Huns. Plus tard, ils te permettent de ramper à quatre pattes pour quelque temps...»

«Vraiment? Quel est le nom de cette forme de Dressage?» lui demandai-je.

«Certains l'appellent 'Amour', d'autres 'Mariages'.» Déjà à ce moment-là, il haletait, le visage déformé par l'effort. «Serais-tu intéressée à t'inscrire?»

The donkey chose that moment to break into a run. I heard a noise like weeping behind me on the road. Then it sounded like hysterical laughter. But I think it was only G. gasping for breath.

L'âne choisit ce moment pour se mettre au pas de course. J'entendis des lamentations sur la route derrière moi. Cela se changea soudain en un rire hystérique. Je crois cependant que ce n'était que D. qui tentait de reprendre son souffle.

6

For a moment he assumes the pose of what he might have become. He wears a 4-directional cross on his head like two pair of antlers.

But it's impossible that this buffoon should be the One! Not this bungler. Not this pathetic hasbeen.

Look how he cringes in the far corner of the room. Look how he chews his fingers and repeats his futile imprecations. Look into what worm of a body his spirit has shrivelled. All of creation has pinned its hopes on this creature. Now the world hovers over him like a mantis and demands a resurrection. It is obvious he cannot even achieve an erection anymore. He's a dead letter, a burnt-out case, no longer able to reward our interest.

Let us abandon him now in his darkest hour. Why don't we slam the book shut on his humiliation and pick up the story elsewhere?

6

L'espace d'un instant, il prend la pose de ce qu'il aurait pu devenir. Il porte une croix quadri-directionnelle sur sa tête comme deux paires de ramures.

Mais est-ce possible que ce bouffon puisse être Lui ? Pas cet incompétent. Pas ce type ringard et pathétique.

Voyez comme il se tient, craintif dans le coin le plus retiré de la pièce. Regardez comme il se mord les doigts et répète ses futiles imprécations. Regardez dans quel corps vermiforme son esprit s'est flétri. Le monde entier a mis tous ses espoirs dans cette créature. Le monde plane maintenant sur lui comme une mante et exige une résurrection. Il est évident qu'il ne peut même plus avoir une érection. Il est une lettre morte, un cas fichu, inapte à répondre à notre intérêt.

Abandonnons-le dans son heure la plus noire. Pourquoi ne pas tourner violemment la page sur son humiliation et laisser reprendre l'histoire ailleurs ?

JANE DICK

Poèmes
Traduits par Michel Rondeau

Empty Shells

my own fallopian tubes
are petrified

i let you in
one green and poisoned night
molten lava sperm
tails of fire, heads of ash

my eggs since birth
began to ooze
and boil with rotting

phantom eggs now
their death comforts you
a sense of history welds us
we are in this together

    i erupt sometimes
    over breakfast bacon
    keenly despise its fat
    i think of you burning

lack of possibility
sucks me like a weasel
lack of choice
wastes me like disease

for the hardening
of my main arteries
there is no forgiveness

Coquilles vides

mes trompes de fallope
sont pétrifiées

je t'ai laissé pénétrer
une nuit verte et vénéneuse
sperme lave en fusion
queues de feu, têtes de cendre

mes œufs depuis ma naissance
suintent
et éclatent de pourriture

maintenant œufs fantômes
leur mort te réconforte
un sens de l'histoire nous soude
nous y sommes ensemble

    j'enrage parfois
    devant le bacon du petit déjeuner
    dont je déteste profondément le gras
    et je t'imagine brûler

le manque de possibilité
me suce comme une fouine
le manque de choix
me tue lentement comme une maladie

pour le durcissement
de mes trompes
il n'y a pas de pardon

while you shower and shave
eggs crack
on the pan's edge
cast-iron
            my guts

i sizzle
the eggs fry

pendant que tu te laves et te rases
les œufs se fendent
sur le rebord de la poêle
en fonte
            mes entrailles

je grésille
les œufs cuisent

Eggs Break

eggs break
fall through my hands

stare up from the floor
pale
translucent as embryos

tenderly scooped
they cling to my fingers
unfertilized and sad

cool as semen
cool as corpses
slithering down my gullet
greedy for death

one raw second

Œufs brisés

des œufs se brisent
me tombent des mains

me fixent du plancher
pâles
translucides comme des embryons

tendrement ramassés
ils me collent aux doigts
tristes et inféconds

froids comme du sperme
froids comme des cadavres
coulant dans mon gosier
avides de mort

une seconde toute crue

Exquis

the first syllable of your name
bursts from me
like a birthing cry

my lips run breathless
with its sound
like fingers over skin

your touch
gives tongue to silences
inside me you are music

i am filled
with the exquisite stillness
of your body
briefly held
intense, soaring

pleasure wells in me
like a fountain
flesh cascades over flesh

your smell alone
satisfies more senses
than my body can desire

Exquis

la première syllable de ton nom
éclate en moi
comme un cri à l'accouchement

mes lèvres à bout de souffle
avec un son de caresses
parcourant la peau

ton contact
donne une langue aux silences
en moi tu es musique

je suis emplie
de l'exquise immobilité
de ton corps
un instant retenu
intense, tendu

le plaisir monte en moi
comme une fontaine
chair en cascades sur la chair

ton odeur à elle seule
satisfait plus de sens
que mon corps ne peut désirer

J.H.D.

your hair lies
tired across the pillow
dreamlessly remembering
the nights before

fingers frantically
running through
caresses
like piano scales

waltzing
through your hair
tying knots with each left hand
(always the left)
until you drew your sword
and split the knots

the blood flowed
frantically
like fingers
through your hair

you were up all night
performing transfusions
until your hair flowed
in the injured veins

exhausted
(you never meant to be a surgeon)
the sweat has dried on your brow
your worn-out hair
lies weeping on the pillow

J.H.D.

tes cheveux épars
fatigués sur l'oreiller
sans rêves se rappellent
les nuits passées

des doigts fébrilement
répètent
les caresses
comme des gammes au piano

valsent
dans tes cheveux
tissant des nœuds de la main gauche
(toujours la gauche)
jusqu'à ce que tu tires ton épée
et tranches les nœuds

le sang a coulé
fébrilement
comme les doigts
dans tes cheveux

tu as passé toute la nuit
à faire des transfusions
jusqu'à ce que tes cheveux coulent
dans tes veines meurtries

éreinté
(tu n'a jamais pensé à devenir chirurgien)
la sueur a séché sur ton front
tes cheveux épuisés
reposent désolés sur l'oreiller

Release

i will take a thousand
flying photographs
of you —
towering over me, or
lost in sleep,
your jaw slack

the shower spray sparkling
on your flattened hairs
clinging to your wet
body like small animals
hanging on
to something solid

you standing in the kitchen
with a knife intent
on your chopping
chopping
we are out of matches and
you do not mind

chewing on a stray
moustache hair
lost in your teeth

the final roll of film
will catch you running

Déclic

je prendrai des milliers
de photographies de toi
sur le vif —
dressé au-dessus de moi ou
perdu dans le sommeil
la mâchoire déserrée

la douche gicle d'embruns
sur tes poils plaqués
collant à ton corps mouillé
comme de petits animaux
cramponnés
à la terre ferme

toi debout dans la cuisine
avec un couteau
tout occupé à émincer
à émincer
nous n'avons plus d'allumettes
et cela t'est égal

mâchonnant un poil
de moustache rebelle
perdu entre tes dents

la dernière bobine du film
te saisira courant

to the window
hair flying for freedom
raging at the drapes that will
not part
tearing through the singing
glass away from the
darkroom thousands

that picture I will
take flying with me
every
where

vers la fenêtre
les cheveux au vent
rageant contre les rideaux
qui ne veulent pas
s'ouvrir
les forçant jusqu'au verre
qui éclate
loin des milliers
de la chambre noire

cette image je
l'emporterai avec moi
par
tout

When the Bleeding Stops

when the bleeding stops
i'll sit quietly
cutting cancer dressings
from our sheets.

as soon as we know
which of us is the patient
one of us will die;
it will be an act of mercy.

Quand le saignement cessera

quand le saignement cessera
je m'assiérai calme
et taillerai des pansements de cancer
à même nos draps.

dès que nous saurons
lequel de nous est malade
l'un de nous mourra;
ce sera un geste de miséricorde.

ANTONIO D'ALFONSO

L'homme seul

(Extraits)
Traduits par Michel Rondeau

Pour Philippe Haeck

To Drink the Act in Motion

I do not easily fall asleep. Too much sleep only makes me
sleepy. I need to stand on edge like a nervous trapezist or
as someone looking down from the World Trade Center. I
need to feel dizzy, sense the uncertainty of feelings and
ideas. "Strike me with your whip." But I am neither
someone who wants to hit nor a victim. I want to be in
between the executioner's whip and the victim's back,
between the strength of the arm and the vulnerability of
the waiting skin. I want to find myself standing on the
wire of action, inside action. In the realism of motion.
After action begins, before action comes to its conclusion.
I want to be lost in the inebriety of the instant, in the
giddiness of motion. I need to drink the act of motion,
and fall asleep drunk.

Boire le geste en mouvement

Je ne m'endors pas facilement. Trop dormir me rend encore plus somnolent. J'ai besoin de me tenir sur le bord comme un trapéziste nerveux ou comme quelqu'un qui regarde en bas du sommet du World Trade Center. J'ai besoin de me sentir étourdi, de sentir ce qu'il y a d'incertain dans les sentiments et les idées. «Frappe-moi de ton fouet.» Mais je ne veux pas être celui qui frappe, ni la victime. Je voudrais être à mi-chemin entre le fouet du bourreau et le dos de la victime, entre la force du bras et la vulnérabilité de la peau qui attent le coup. Je veux me voir tenir en équilibre sur le fil des événements, au cœur de l'action. Dans la réalité du mouvement. Après que le geste ait été amorcé, avant que le mouvement ne se termine. Je veux me perdre dans l'ivresse de l'instant, dans le vertige du mouvement. J'ai besoin de boire le mouvement en pleine action, et de m'endormir ivre.

Passion and its Inebriety

Passion and its inebriety. The insecurity of signs. What limit do you impose on yourself when the moon is torn to pieces? It is not so much love has not rung you up yet that depresses you, as much as your unemployed body. The bags some fill with their riches are tougher than you thought. The instruments you play with become obsolete. The images of someone you used to be, the images of someone you will be. The noon-break alarm makes you salivate as if you had never seen food before.

La passion et son ivresse

La passion et son ivresse. L'insécurité des signes. Quelles limites t'imposes-tu quand la lune est déchirée en lambeaux ? Ce n'est pas tant que l'amour ne t'ait pas encore appelé qui te déprime, mais plutôt que ton corps soit inemployé. Les sacs que certains emplissent de leurs richesses sont plus solides que tu ne l'aurais cru. Les instruments dont tu joues deviennent surannés. Les images de celui que tu as été, les images de celui que tu seras. La sonnerie de la pause-déjeuner te fais saliver comme si tu n'avais jamais vu de nourriture auparavant.

The Flakiness of Words

The flakiness of words. What peels off or can be chipped. Words wear down. They lose their thickness and crumble, exhausted. After dogs and scientists take their bite into them, what is left for women? A great tendancy to excessive reduction: to darken the gamut of possible meaning. Even the outrageous word has the right to be a metaphor. I like words that shock, words that purposely push you off balance. Hysterical words. Their power or lack of power is my freedom. I know a word can only be a metaphor. If it isn't why do we spend so much time building whatever it is we are trying to build?

Le feuilleté des mots

Le feuilleté des mots. Ce qui peut s'enlever en fines feuilles ou s'écailler. Les mots s'usent. Ils perdent de leur épaisseur et s'effritent, épuisés. Après que les chiens et les scientifiques eurent pris leurs bouchées dans les mots, que reste-t-il pour les femmes ? Une forte tendance à réduire excessivement : pour obscurcir la gamme des significations possibles. Même le mot le plus scandaleux a droit de cité comme métaphore. J'aime les mots qui choquent, les mots qui vous déséquilibrent exprès. Les mots hystériques. Leur puissance ou leur non-puissance est ma liberté. Je sais qu'un mot ne peut être que métaphore. Sinon, pourquoi passons-nous autant de temps à essayer de construire ce que nous construisons ?

You Refuse to Write

You can refuse to write but it isn't as simple as some make it to be. Language is a voice that answers your questions, that questions your answers. It is a killing. Nothing easy. Look at a window whose curtains have been drawn, the material swaying in the wind, its folds as deep as a head lost in thought. Hear the nervous footsteps of someone fighting with words. A hand grabs the killer on the scene of the crime. That is when a day of work ends and when the night of words begins. Paper as dense as prayers, and as mute. Paper that you will bind or burn. All around walls of paper you can't climb, with only one window to look out of. Language has put it there for you to stare at the world without words.

Tu te refuses à écrire

Tu peux te refuser à écrire mais ce n'est pas aussi simple que cela en a l'air. Le langage est une voix qui répond à tes questions, qui questionne tes réponses. C'est un meurtre. Rien de facile. Regarde la fenêtre dont les rideaux ont été tirés, le tissu flotte dans le vent, ses plis aussi profonds qu'une tête perdue dans ses pensées. Ecoute les pas nerveux de celui qui se bat avec les mots. Une main empoigne le meurtrier sur les lieux mêmes du crime. C'est ainsi qu'une journée de travail prend fin et que la nuit des mots commence. Du papier aussi dense que des prières, aussi muet. Du papier que tu relieras ou brûleras. Tout autour, des murs de papier que tu ne peux escalader, avec une seule fenêtre par laquelle regarder. Le langage l'a mise là pour que tu puisses regarder le monde sans mots.

There Will Never Be
a Promised Land

There will never be a promised land.
There will never be dreams sitting
beside you, holding your hand, in the subway car.

When the patient speaks you will
only hear the whispers of frustration,
the sighs of someone who does not care.

You will hear the screeching of brains
on the wet macadam. You will see
blood everywhere and you will eat it.

It will be now and here. When and where
people wear band-aids on their mouths,
jewelry on their necks like chains,

driving cars like tanks across our lands.
There is no leader who speaks
the same language as you.

You will learn the codes, the syntax
and vocabulary, but you will have
been used but them and not using them.

The meat that you eat,
the blood that you drink,
are your own meat and blood.

Il n'y aura jamais de terre promise

Il n'y aura jamais de terre promise.
Il n'y aura jamais de rêves assis
à tes côtés te donnant la main dans le métro.

Quand le malade parlera
tu n'entendras que les murmures de frustration,
les soupirs de celui qui s'en fout.

Tu entendras le crissement des crânes
sur le macadam mouillé. Tu verras
du sang séché partout et tu en mangeras.

Ce sera maintenant et ici. Quand et où
les gens se mettront des sparadraps sur la bouche,
des bijoux autour du cou comme des chaînes,

conduiront des voitures comme des chars d'assaut
à travers notre territoire. Aucun
chef ne parle la même langue que toi.

Tu apprendras les codes, la syntaxe
et le vocabulaire, mais ce n'est pas toi
qui les utiliseras, ce sont eux qui t'utiliseront.

La viande que tu manges,
le sang que tu bois
sont ta propre chair, ton propre sang.

Where's the Meaning in All This?

Where's the meaning in all this? The refusal, poverty or richness, to go beyond the outlines of craters? Seeing the flat sun tear like paper. Fibers the few workers that remain would like to cover. With their love, sperm, blood. Where is the meaning in the dialects we invent for ourselves to converse with? The language of the tribe can't be purified, and if once it could have been no one cares to do so today. Poverty or richness, this audacity of wanting to ornament our borders, national and personal. Strike, strike down those words we have modelled like straight-jackets. Who can turn a signified to a signifer in our liquid sky?

Quel est le sens de tout cela ?

Quel est le sens de tout cela? Refus, pauvreté ou richesse, d'aller au-delà du contour des cratères? Voir le soleil plat se déchirer comme du papier. Fibres que les quelques ouvriers qui restent aimeraient bien recouvrir. Avec leur amour, leur sperme, leur sang. Quel est le sens de ces dialectes que nous nous inventons pour converser? La langue de la tribu ne peut être purifiée et, si une fois elle a pu l'être, nul ne s'en soucie plus maintenant. Pauvreté ou richesse, cette audace de vouloir orner nos frontières, nationales ou personnelles. Frappe, terrasse ces mots que nous avons tissés sur le modèle des camisoles de force. Qui donc peut faire d'un signifié un signifiant sous notre ciel liquide?

Notices bio-bibliographiques

Antonio D'Alfonso est né à Montréal, le 6 août 1953. Diplômé en cinéma, il écrit sa thèse sur *Mouchette* de Robert Bresson. Entre la production de films et l'écriture de scénarios, il fonde en 1978 les éditions Guernica où il publiera ses livres *Queror* (1979) et *Black Tongue* (1983). Il co-anime le magazine transculturel *Vice Versa*.

Jane Dick est née à Hamilton (Ontario) le 2 juillet 1952, et a vécu dans plusieurs villes du Canada. Elle a publié son seul livre *Conceptions* (1980) aux éditions Guernica.

Louis Dudek, né le 6 février 1918 à Montréal de parents polonais, enseigne la littérature à l'Université McGill depuis 1951. Il a publié plusieurs livres dont les plus récents sont *Continuation I* (1981) et *Ideas for Poetry* (1983). Certains poèmes que nous reproduisons ici sont extraits de *Collected Poetry* (1971). Nous remercions Louis Dudek et Simon Dardick de Véhicule Press de nous avoir accordé le droit de publier ces textes.

Endre Farkas, né en Hongrie le 11 mars 1948, s'installa à Montréal avec ses parents en 1956. Il enseigne dans un collège anglophone et est fondateur de la maison d'édition The Muses' Company, où il a publié *Romantic Heart and Other Faults* (1979), *Face Off* (1980) et *From Here to Here* (1982). Nous remercions l'auteur de nous avoir accordé le droit de publier ses textes.

Marco Fraticelli est né à Montréal de parents italiens. Il a fondé la revue *The Alchemist* et sa poésie a parue dans diverses revues littéraires canadiennes. Il a publié *Instants* (1979) et *Night Coach* (1983) aux éditions Guernica. Il s'intéresse à l'expression poétique par ordinateur et dirige la collection *Computer Dics* aux éditions Guernica où il a fait paraître *Déjà Vu* (1983).

Michael Harris, né en Écosse en 1944, émigre au Québec, avec ses parents, quelques années plus tard. Il est professeur de littérature dans un collège anglophone de Montréal et dirige la collection de poésie de Véhicule Press. Il a publié cinq livres de poèmes. Son ouvrage le plus récent est *Miss Emily et la Mort* (édition bilingue, traduction de Jacques Marchand) à VLB Editeur. Nous remercions l'auteur, Simon Dardick de Véhicule Press et Jacques Lanctôt de VLB Editeur de nous avoir accordé le droit de reproduire ces textes.

Anne McLean vit à Montréal. Elle a publié *Lil* (1977) et à Véhicule Press *A Nun's Diary* (1984) d'où ont été extraits les textes publiés dans ce volume. Nous remercions l'auteure et Simon Dardick de Véhicule Press de nous avoir accordé le droit de reproduire les textes.

Mary Melfi, née en Italie en 1951, arriva à Montréal à l'âge de cinq ans. Elle a publié aux éditions Guernica *A Queen Is Holding a Mummified Cat* (1982) et *A Bride in Three Acts* (1983).

Ken Norris est né à New York en 1951. Etabli à Montréal en 1972, il a publié dans de nombreuses revues canadiennes et américaines et est co-fondateur de la revue *Cross Country*. Il a publié, entre autres, *Whirlwinds* (1983) aux éditions Guernica et *The Better Part of Heaven* (1984) aux éditions Coach House Press à Toronto. Nous remercions l'auteur de nous avoir permis de reproduire ses textes dans ce volume.

Daniel Sloate est né en Ontario. Grâce à une bourse d'études offerte par le Gouvernement français, il étudia à la Sorbonne où il compléta sa thèse de doctorat sur Rimbaud et les Symbolistes. Il enseigne à l'Université de Montréal et a publié aux éditions Guernica *A Taste of Earth, a Taste of Flame* (1981), *Dead Shadows* (1982), *First Secrets and Other Poems* (ses traductions des poèmes d'Eloi de Grandmont, 1983) et publiera bientôt *The Passions of Mr. Desire* d'André Roy en 1985.

Table des matières